Entspannungstiere

Mit diesen
15 tierischen Freunden kannst
du wunderbar entspannen:

1 Affe

2 Faultier

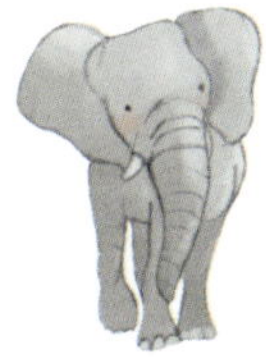

3 Elefant

4 Frosch

5 Chamäleon

6 Raupe

7 Maus

8 Biene

9 Flamingo

10 Krake

11 Maulwurf

12 Bär

13 Pferd

14 Eule

15 Känguru

1 Eichhörnchen

Eichhörnchen sind besonders flink und richtig geschickt. Die springenden Baumbewohner können mit dem richtigen Absprung bis zu fünf Meter weit springen. Das sieht fast so aus, als würden sie fliegen. Wie sie das machen? So: Sie setzen sich auf ihre Hinterbeine und nutzen diese als Sprungfeder. Ob das auch bei dir funktioniert? Probiere es aus: Geh tief in die Hocke, verlagere das Gewicht auf beide Beine und zähle 1, 2, 3 – mit einem großen Satz drückst du dich ab.
Na, wie weit hüpfst du?

2 Papagei

Blablibupp: Bist du auch so ein verrückter Papagei, der neugierig ist und am liebsten ganz viel quasselt? JA! Dann stell dich auf ein Bein, vielleicht kannst du das andere nach hinten strecken, und breite deine Flügel gaaanz weit aus. Los geht's! Bewege die Arme nach oben und unten und krächze wie ein Papagei. Was entdeckst du auf deinem Flug? „Ich sehe etwas, das du nicht siehst – und das ist …" Benenne einen Gegenstand und fliege dorthin. Wenn ihr zu zweit spielt, fliegt der andere Papagei zu dem genannten Ziel. Guten Flug, bunte Freunde!

3 HUND

Hmmm, was riecht denn da so gut?
Mach dich schnüffelbereit wie ein Hund:
Komm auf alle viere, strecke deine Arme und schiebe deinen Po so weit nach oben, wie du nur kannst. Deine Beine können leicht gebeugt sein und sich etwas bewegen. Oh, oh, der Hund merkt: Ich muss Pipi – und zwar dringend!
Also hebe abwechselnd ein Bein nach oben und mache mit deinem Mund das „Pscht"-Geräusch.

4 Hase

Fröhlich hopst der Hase über die Wiese und entdeckt so viel Neues. Er schnuppert hier und mümmelt dort. Dann hoppelt er weiter. Mach's wie das Häschen: Komm in eine Hockposition und hopple los. Erst flott in kleinen Hopsern, dann langsamer und dabei immer neugierig. Halte in der Hocke an und atme tief durch die Nase ein und mit schnellen Schnüfflern durch die Nase wieder aus. Was kannst du erschnuppern?

5 Ferkel

Quietschfidele Ferkelei: Das kleine Ferkel quiekt vor Freude, denn gleich hüpft es mit einem Satz in die große Matschpfütze hinein. Das macht Spaß! Und danach schüttelt es den ganzen Matsch von sich ab – vom Öhrchen bis zum Huf. Machst du mit? Schüttle zuerst deine Arme, dann deine Beine und schließlich deinen ganzen Körper, bis sich alles bewegt und richtig kribbelt. Matsch-Party juchheee!

6

Giraffe

Kennst du schon die Sonnen-Giraffe? Sie liebt die Sonnenwärme so sehr, dass sie ihren langen Hals immer fröhlich Richtung Himmel reckt. Willst du auch die Sonne in deinen Körper und dein Herz holen? Dann los! Stelle dich mit weit gegrätschten Beinen auf, atme ein und recke deinen Arm so weit nach oben Richtung Himmel, wie du nur kannst. Dann schnappst du dir mit weit ausgestreckter Hand einen Sonnenstrahl, verschließt ihn fest in deiner Faust und bringst ihn mit der Ausatmung zu deinem Herzen. Dabei atmest du ein lautes „Ha" aus. Wiederhole die andere Seite, bis dein ganzer Körper voll Sonnenwärme ist.

7 Krokodil

Achtung, Achtung: Die wilden Krokodile sind unterwegs. Leg dich auf deine rechte Körperseite und strecke deine Arme und Beine lang aus. Nun hebst du deinen oberen Arm so weit nach oben, wie du nur kannst, und schnappst schnell mit dem linken Arm hinterher, bis sich die Handflächen berühren. Sage dabei laut „Schnipp-Schnapp" und wechsle die Seite. Vielleicht ist ein anderes Krokodil in deiner Nähe und ihr könnt euch gegenseitig vorsichtig schnappen?

8 Spinne

Was für ein riesiges Netz!
Die Spinne hat fleißig gesponnen und möchte nun ihr Spinnennetz erkunden.
Sie krabbelt hinein und möchte am liebsten nach ganz hoch oben.
Stell dir vor, an deiner Wand ist auch ein großes Spinnennetz. Kannst du hineinklettern? Bringe deine Hände auf den Boden vor dir und klettere mit deinen Füßen die Wand hoch. Wie weit kommst du? Kleiner Spinnen-Trick: Barfuß klebst du besonders gut an der Wand.

9 Schmetterling

Frei fliegen wie ein bunt schimmernder Schmetterling – das kannst du auch! Setz dich dafür auf deinen Po und bringe deine Fußsohlen aneinander. Halte mit deinen Händen deine Füße fest. Deine Beine verwandeln sich nun in deine Flügel. Fliege los – und zwar so: Bewege deine Knie auf und ab, erst langsam, dann etwas schneller und schneller und schließlich im Turbo-Schmetterlingsflug! Wohin würdest du gerne fliegen?

10 KRÄHE

Aufmerksam beobachten schwarze Krähen ihre Umgebung und sind dabei völlig konzentriert. Nichts entgeht den Schlaumeiern der Lüfte. Das kannst du auch! Stell deine Hände vor dir ab und komme in eine tiefe Hocke. Dabei stehen deine Füße etwas weiter auseinander. Beuge die Ellenbogen nach außen und hebe deinen Po so an, dass du die Knie von oben auf die Oberarme ablegen kannst. Verlagere dein Gewicht nach vorne. Kannst du deine Füße nacheinander kurz vom Boden heben? Mit Krähen-Konzentration klappt's ganz bestimmt.

11 Katze

Miau, miau! Hast du schon mal so einen großen Katzenbuckel gesehen? So macht sich die Katze besonders riesig. Und wie groß kann dein Katzenbuckel werden? Probier es aus: Aus dem Vierfüßlerstand buckelst du dich weit nach oben. Bewege deinen Katzenbuckel auf und ab. Vielleicht fauchst du dabei? Erst leise, dann laut und schließlich wie eine echte Wildkatze. Roar!

12 Schnecke

Die Schnecke hat bemerkt, dass sie kullern kann, wenn sie sich ganz klein macht. Und das Kullern bringt so viel Spaß! Probier's doch gleich mal aus: Lege dich dafür auf den Rücken, ziehe die Knie an deine Brust und bringe deine Stirn zu den Beinen. Kullere von vorne nach hinten und von einer Seite zur anderen. Kannst du dich nach oben in den Sitz rollen, ganz ohne die Arme zu benutzen?

13 SCHLANGE

Ssssss...selbstbewusst wie eine Schlange: Leg dich auf den Bauch, stelle deine Hände unter deine Schultern und schlängle dich mit der nächsten Ausatmung nach oben wie eine neugierige Schlange. Vielleicht strecken sich deine Arme dabei. Räkle und recke dich nun so hoch, wie du nur kannst! Welche Geräusche macht die Schlange dabei? Zische mit der Zunge an deinen Zähnen und lege dich dann langsam wieder ab. Wiederhole die Übung so oft, bis du dich schlangenstark fühlst.

14 Löwe

Hey, du frecher Löwe! Streckst du mir deine Zunge heraus? Ganz genau! Und das kannst du auch: Setze dich in den Fersensitz, atme tief ein und mit der Ausatmung streckst du deine Zunge so weit heraus wie möglich. Das sieht aber wild aus! Brülle bei der nächsten Ausatmung wie ein Löwe und gönne dir mit der nächsten Einatmung eine kleine, ruhige Verschnaufpause, bevor es in die nächste Runde geht.

15 KAMEL

Willkommen in der Wüste! Hast du Lust auf einen wilden Kamelritt? Dann setze dich mit gekreuzten Beinen hin und lege deine Hände locker auf die Knie. Stell dir vor, du hast auf einem bunt geschmückten Kamel Platz genommen, und schon geht die Reise los: In kreisenden Bewegungen beugt sich dein Oberkörper vor und zurück und von einer Seite zur anderen. Wechsle die Richtung so, wie es dir gefällt. Dabei kann es holprig werden und lustig wackeln. Na, wie wild ist dein Kamelritt?

Einhorn

Im Land der Regenbogen-Einhörner werden Wünsche wahr. Mit dem Einhorn darfst du dir etwas wünschen. Doch nicht für dich, sondern für eine Person, die du besonders magst. Und so geht's: Reibe deine Hände fest vor deiner Brust, bis sie ganz warm werden. Spürst du die Wärme schon? Lege deine Hände auf dein Herz und denke fest an die Person, für die dein Wunsch ist. Stell dir vor, du würdest dem Einhorn den Wunsch zuflüstern. Nun kann dein guter Wunsch über einen Regenbogen flitzen und direkt bei dieser Person ankommen. Sie freut sich bestimmt darüber.

1 AFFE

Mmmh, lecker, Banane! Affen lieben das gelbe Obst. Obwohl Affen so quirlig sind, lassen sie sich beim Essen ganz viel Zeit und schälen die Banane in Ruhe. Probier es auch mal aus: Nimm ein Obst deiner Wahl und betrachte es genau. Schnuppere mal daran. Wie riecht es? Versuche, das Obst im Zeitlupentempo zu essen. Kannst du jedes Stück 20 Mal kauen? Welcher Geschmack ist da in deinem Mund? Ist das Obst weich oder hart? Affen sind Genießer. Du bestimmt auch, oder?

2 FAULTIER

Weißt du, was ein Faultier am liebsten macht? Entspannen! Machst du mit? Setze dich im Yogi- oder Schneidersitz gemütlich hin, vielleicht mit einer Decke, damit es kuschelwarm ist. Deine Zeigefinger treffen die Daumen und du legst deine Hände auf deine Knie oder in deinen Schoß. Wenn du bequem sitzt, kannst du deine Augen schließen und tief durch die Nase einatmen und durch den Mund wieder aus. Mit dem nächsten Ausatmen singst du „Ooomm“. Das kribbelt so lustig im Hals, oder?

3 Elefant

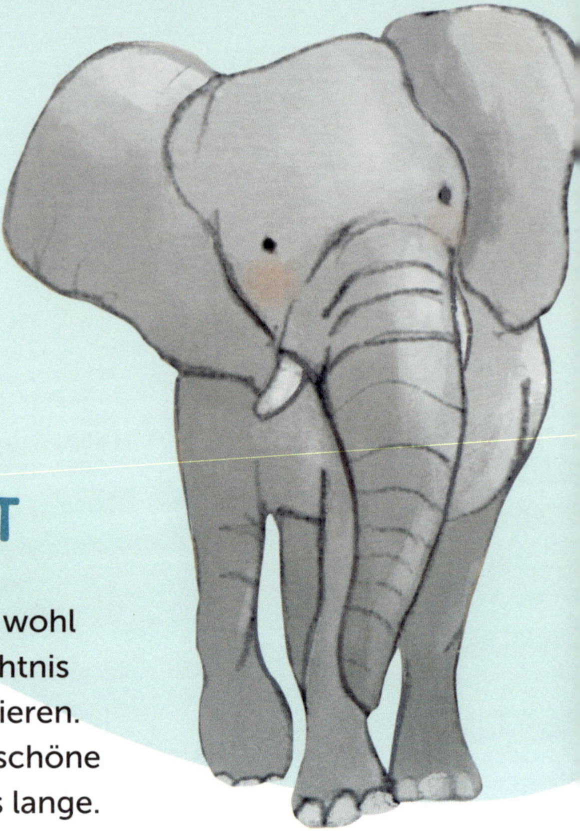

Elefanten haben wohl das beste Gedächtnis von allen Säugetieren. Sie merken sich schöne Dinge besonders lange. Erinnerst du dich auch an tolle Momente? Mach es dir gemütlich und überlege mal, wann etwas ganz besonders war. Vielleicht ein Ferien-Abenteuer mit einem lieben Menschen? Das gemeinsame Spielen im Wald oder die lustige Schnee-ballschlacht? Der Elefant hört dir auch gerne zu. Pssst: Flüstert doch mal zusammen und verrate ihm, wann du besonders glücklich warst.

4 FROSCH

Quaaaak, quaaaak! Hast du schon mal einem Frosch beim Quaken zugehört? Das kann echt laut werden. Oder ganz leise. Denn Frösche können unterschiedliche Töne von sich geben. Ein schnelles, schrilles Quak vor Freude genauso wie ein lang gezogenes, tiefes Quak bei Müdigkeit. Atme durch die Nase ein und durch den offenen Mund mit einem Quaaaak wieder aus. Zähle in Gedanken mit, wie lang dein Froschton bei der Ausatmung ist. Wie viele Quak-Sekunden schaffst du?

5 Chamäleon

„Meister der Tarnung“ werden Chamäleons auch genannt, denn die Reptilien können ihre Farbe wechseln. Oft passen sie sich ihrer Umgebung an und drücken so auch ihre Gefühle aus. Welches Gefühl hat welche Farbe? Nimm einen Zettel und male jeweils eine Farbe für folgende Gefühle: Wut, Mut, Traurigkeit, Glück, Freude. Wie fühlst du dich gerade? Male es auf oder, wenn ihr zu mehreren seid, mache es vor – ohne dabei zu verraten, welches Gefühl es ist. Können die anderen erraten, wie du dich fühlst?

6 RAUPE

Eines Tages verwandelt sich eine Raupe in einen Schmetterling. Bis es so weit ist, dauert es seine Zeit. Male eine Raupe in deinen Lieblingsfarben. Deine Raupe kann aus unterschiedlich großen Kreisen bestehen: Reihe die Kreise aneinander und male sie so aus, wie es dir gefällt. Welche Eigenschaft hat deine Raupe? Ist sie mutig? Neugierig? Vorsichtig? Oder frech? Gib der Raupe einen Namen und überlege, wie sie später als Schmetterling aussehen könnte.

7 Maus

Jedes Mäuschen braucht mal ein kleines Päuschen. Knie dich hin und lege deinen Oberkörper auf deine Oberschenkel. Dein Gesicht zeigt Richtung Boden. Bringe deine Hände aufeinander und lege deine Stirn darauf ab. Vielleicht berührt dein Po deine Fersen? Nun kannst du deiner Atmung lauschen: ein – aus. Spürst du, wie sich dein Bauch sanft hebt und senkt? Du kannst dabei auch leise piepsen wie eine kleine zufriedene Maus.

8 Biene

„Mmmhhh…“ Wer oder was summt denn hier so glücklich? Eine Biene macht sich bereit zur Landung auf einer bunten Blume. Das Summen wirkt beruhigend und entspannt. Machst du mit? Atme durch die Nase ein und mit geschlossenem Mund und einem sanften Summen wieder aus. Lege deine Hände an deinen Brustkorb, vielleicht kribbelt er etwas. Summe fröhlich weiter, mal lauter, mal leiser… Halte dir nun deine Ohren zu oder stecke deine Zeigefinger hinein. Wie verändert sich das Summen?

9 FLAMINGO

Von welchem pink gefiederten Tier könnte dieser Reim stammen? „Ich heb ein Bein und dabei schlaf ich sogar ein." Genau, der Flamingo. Greife ein Bein aus dem Stand und ziehe es mit der Ausatmung mit beiden Händen an dich heran. Es wackelt? Dann schaue auf etwas vor dir und gucke fest darauf. Geht einfach? Dann hebe einen Arm und schließe vielleicht sogar kurz deine Augen. Wechsle anschließend die Seite, kleiner gefiederter Flamingo.

10 KRAKE

Diese schlauen Meeresbewohner können mit ihren acht Armen, auch Tentakel genannt, die Umgebung ertasten. Spür mal, wie fein auch dein Tastsinn ist. Strecke die Finger einer Hand locker nach oben. Fahre mit der anderen Hand ganz sanft an der Außenseite jedes einzelnen Fingers entlang und atme passend dazu: Mit der Einatmung durch die Nase fährst du an der einen Seite des Fingers nach oben, mit der Ausatmung durch den Mund an der anderen Seite des Fingers nach unten. Atme dabei, so tief du kannst, und beobachte, wie sich dein Brustkorb hebt und senkt.

11 Maulwurf

„Hallo, ist da jemand?" Ein Maulwurf hat so winzig kleine Augen, dass er kaum etwas sehen kann. Dafür vertraut er blind auf seine anderen Sinne wie z. B. Tasten und Riechen. Lass dir für das Maulwurf-Spiel deine Augen mit einem Tuch verbinden und taste dich langsam vorwärts. Wie fühlt sich der Boden unter deinen Füßen an? Welchen Duft kannst du wahrnehmen? Und wie anders wirkt die Welt auf einmal auf dich? Vielleicht führt dich auch jemand ein Stückchen und danach wechselt ihr.

12 Bär

Mach's wie der Tanzbär und hol dir gute Laune her! Klopfe mit deinen Fingerspitzen oder weich geöffneten Fäusten sanft auf deinen OBÄRkörper und öffne deinen Mund weich. Töne dabei wie ein zufriedener Bär. Bewege deine Finger oder Fäuste auf und ab und spüre, an welcher Stelle es sich besonders schön anfühlt. Vielleicht brummt der Bär ja sogar vor Freude und schließt dabei seine Augen?

13 Pferd

„Brrrr…" Beim Ausprusten bläst ein Pferd allen Stress aus seinen Nüstern. Du hast dich geärgert? Dann mach es wie das Pferd: Komm auf alle viere, atme ein und pruste mit weichen Lippen Luft durch deinen geöffneten Mund. Dabei darf ein luftig-lustiges Geräusch herauskommen. Du kannst auch im Stand deine Arme weit über den Kopf ziehen und beim Ausprusten Arme und Kopf nach unten sausen lassen. Dabei sind deine Lippen ganz entspannt und du lässt dich locker baumeln.

14 Eule

Eine Eule hat alles bestens im Blick, denn sie kann ihren Kopf um 360 Grad drehen. Sie kann also nicht nur nach vorne und zu den Seiten schauen, sondern auch nach hinten. Das probieren wir aus – nur nicht mit unserem Kopf, sondern mit den Augen. Schaue mit weichem Blick gerade nach vorn und stell dir eine große Uhr vor.

Deine Augen wandern auf die 12, also nach ganz oben. Dann zur 3 auf die rechte Seite, nach unten zur 6 und schließlich wieder nach oben über die 9 zur 12. Mache das in deinem Tempo und in beide Richtungen. Dein Kopf bewegt sich währenddessen nicht.

15 Känguru

Wie kuschelig es das Känguru-Baby im Beutel seiner Mama hat. Und so kuschelgemütlich kannst du es dir auch machen: Lege dich in eine bequeme Position, schließe deine Augen und lasse deine Arme ganz entspannt neben deinem Körper liegen. Setze ein Lieblingskuscheltier auf deinen Bauch, als hättest du es in deinem Beutel, und versuche es durch deine Atmung zu bewegen. Ein – das Kuscheltier hebt sich, aus – das Kuscheltier senkt sich auf deinem Bauch ab.